How Can I Become LinkedIn Influencer: O guia passo a passo completo para construir uma marca pessoal, engajar sua rede e monetizar sua experiência

Por Yeshwanth Vepachadu

Direitos autorais © 2024 Yeshwanth Vepachadu.

Todos os direitos reservados.

Nenhuma parte deste livro pode ser reproduzida, distribuída ou transmitida de qualquer forma ou por qualquer meio, incluindo fotocópia, gravação ou outros métodos eletrônicos ou mecânicos, sem a permissão prévia por escrito do autor, exceto no caso de citações breves incorporadas em resenhas críticas e outros usos não comerciais permitidos pela lei de direitos autorais. Para solicitações de permissão, entre em contato com o autor

Isenção de responsabilidade:

As informações fornecidas neste livro são apenas para fins de informação geral. Todos os conselhos são baseados em experiências e pesquisas pessoais. O autor não assume nenhuma responsabilidade ou obrigação por quaisquer erros ou omissões no conteúdo deste livro. O leitor assume total responsabilidade pelo uso das informações fornecidas. O sucesso no LinkedIn ou nos negócios depende de uma série de fatores, e os resultados variam de acordo com o esforço individual, a experiência e o contexto.

Tabela de conteúdo:

Introdução: Por que o LinkedIn é seu poder de influência 7

Capítulo 1: Criando um perfil magnético no LinkedIn 8

Capítulo 2: Identificação de seu nicho e público-alvo 16

Capítulo 3: Criando conteúdo que repercute 25

Capítulo 4: Criando engajamento e comunidade 35

Capítulo 5: Aproveitamento do LinkedIn Analytics para melhorar .. 45

Capítulo 6: Criando uma marca pessoal no LinkedIn 54

Capítulo 7: Expansão de sua rede e influência 59

Capítulo 8: Evitando armadilhas comuns e mantendo-se autêntico .. 66

Capítulo 9: Monetizando sua influência no LinkedIn 71

Conclusão: O caminho a seguir 80

Lista de verificação de execução de 90 dias: Seu roteiro para a influência no LinkedIn 82

Prefácio

No mundo hiperconectado de hoje, a criação de uma marca pessoal não é mais um luxo reservado a altos executivos ou celebridades - é necessária para profissionais de todos os setores. Quer você seja proprietário de uma empresa, consultor, coach ou alguém que esteja subindo na escada corporativa, sua presença no LinkedIn pode abrir portas, criar oportunidades e posicioná-lo como líder de pensamento do setor. No entanto, tornar-se um influenciador do LinkedIn não acontece da noite para o dia. Isso requer uma combinação de estratégia, autenticidade e esforço consistente.

Escrevi este livro para servir como seu guia passo a passo nessa jornada. O objetivo é simples: ajudá-lo a navegar no ecossistema do LinkedIn com clareza e propósito para que você possa construir uma marca pessoal atraente, interagir com o público certo e, por fim, aumentar sua influência. Do engajamento de sua comunidade à monetização de sua experiência, da otimização do perfil à criação de conteúdo que repercuta, este livro aborda todos os aspectos da influência no LinkedIn.

Ao longo dos anos, o LinkedIn se transformou em uma rede profissional próspera. É onde os negócios são feitos, as parcerias são formadas, as carreiras avançam e os líderes de pensamento surgem. Mas o caminho para se tornar um influenciador no LinkedIn não se resume a números - trata-se de agregar valor real, formar conexões significativas e permanecer fiel a quem você é.

Eu o convido a não apenas ler as percepções e estratégias deste livro, mas a agir de acordo com elas. Este livro não é apenas para leitura passiva - ele é para quem gosta de agir. Cada capítulo foi elaborado para ser acionável, ajudando-o a dar passos mensuráveis em sua jornada no LinkedIn. Ao final, espero que você não apenas conheça as estratégias, mas também se sinta capacitado para criar uma presença importante, tanto para sua carreira quanto para a comunidade ao seu redor.

O caminho para se tornar um influenciador do LinkedIn está aberto a todos - sua jornada começa aqui.

Introdução: Por que o LinkedIn é seu poder de influência

No mundo das redes profissionais, o LinkedIn se destaca como a plataforma definitiva para criar influência. O que começou como um simples site de rede evoluiu para uma comunidade global de profissionais, líderes de pensamento e marcas que se conectam de maneira poderosa.

Por que você, como profissional, deve se preocupar com o LinkedIn? A resposta é simples: O LinkedIn é onde os tomadores de decisão, recrutadores e profissionais do mundo passam seu tempo. Com mais de 900 milhões de membros em todos os setores, o LinkedIn apresenta uma oportunidade para qualquer pessoa mostrar sua experiência, construir relacionamentos significativos e impulsionar o crescimento da carreira - ou até mesmo criar uma marca pessoal lucrativa.

Este manual o guiará por uma abordagem comprovada, passo a passo, para se tornar um influenciador do LinkedIn. Cada capítulo lhe fornecerá as ferramentas necessárias para criar um perfil de destaque, criar conteúdo envolvente, expandir sua rede e transformar sua presença no LinkedIn em uma poderosa ferramenta profissional.

Capítulo 1: Criando um perfil magnético no LinkedIn

Seu perfil no LinkedIn é seu cartão de visita on-line, portfólio e apresentação pessoal, tudo em um só lugar. Geralmente, é o primeiro ponto de contato que alguém tem com você, e as primeiras impressões são importantes. Neste capítulo, mostraremos como criar um perfil magnético no LinkedIn que não apenas chame a atenção, mas também estabeleça sua credibilidade.

1.1 A importância de uma primeira impressão forte

Quando alguém visita seu perfil no LinkedIn, decide se vai se conectar com você nos primeiros 10 segundos. Pense nisso por um momento - 10 segundos. Se o seu perfil não chamar a atenção da pessoa, ela seguirá em frente, possivelmente deixando passar a oportunidade de conhecer o valor que você oferece.

Um perfil bem otimizado pode transformar visitantes casuais em seguidores, conexões e até mesmo clientes. Este capítulo abordará como garantir que todas as seções do seu perfil do LinkedIn estejam trabalhando para você, desde a foto do perfil até suas realizações.

1.2 Foto de perfil e imagem de fundo: Definindo o tom certo

A foto de seu perfil e a imagem de fundo são as primeiras coisas que os visitantes veem. Pesquisas mostram que os perfis com fotos profissionais recebem muito mais visualizações. Pense em sua foto como o rosto de sua marca. Ela precisa transmitir profissionalismo, cordialidade e acessibilidade.

Etapas de ação:

- Use um headshot de alta qualidade em que você pareça confiante, acessível e profissional. Certifique-se de que o plano de fundo esteja limpo e não cause distração.
- Sorria! Um rosto amigável incentiva as pessoas a se conectarem.
- Evite fotos casuais, fotos de grupo ou imagens mal iluminadas. Se você quer mesmo se tornar um influenciador, invista em uma foto profissional.

Imagem de fundo: Sua imagem de plano de fundo é um espaço privilegiado para reforçar sua marca. Pode ser um design personalizado que represente o seu trabalho, um visual simples, mas arrojado, ou até mesmo uma imagem sua em ação, como discursando em um evento ou trabalhando em um projeto.

Etapas de ação:

- Escolha uma imagem de plano de fundo que dê suporte à sua marca. Pode ser uma imagem de seu espaço de trabalho, um logotipo ou algo visualmente atraente relacionado ao seu nicho.
- Ferramentas como o Canva ou o Crello podem ajudá-lo a criar um banner do LinkedIn elegante e personalizado gratuitamente.

1.3 Criação de um título atraente

Seu título é seu discurso de elevador. É uma das primeiras coisas que as pessoas leem e aparece ao lado do seu nome em toda a plataforma, seja ao comentar uma publicação, enviar uma mensagem a alguém ou aparecer em uma pesquisa.

Um título convincente não diz às pessoas apenas o cargo que você ocupa. Ele diz a elas por que devem se preocupar em entrar em contato com você.

GoodExample:
"Ajudando Startups a crescer até 10X através de Marketing Estratégico | Palestrante e Consultor"

BadExample:
"Gerente de marketing da empresa XYZ"

Etapas de ação:

- Escreva um título que explique o que você faz e como agrega valor. Pense em termos de seu público: o que teria ressonância com ele?
- Use palavras-chave relevantes para o seu setor para tornar seu perfil mais detectável nas pesquisas.
- Evite chavões como "guru" ou "ninja", a menos que eles realmente se encaixem em seu estilo.

1.4 Como escrever uma seção "Sobre" envolvente

A seção "Sobre" é onde você pode deixar sua personalidade e experiência brilharem. Essa é a sua chance de contar a sua história. Mas lembre-se de que as pessoas não querem ler uma biografia longa e arrastada. Elas querem saber como você pode ajudá-las, o que você representa e o que o torna único.

Pense da seguinte forma: A seção "Sobre" deve responder à pergunta: "Por que devo segui-lo?"

Estrutura de uma seção "Sobre" forte:

- **Gancho de abertura:** Comece com algo que chame a atenção. Pode ser uma declaração ousada, uma pergunta intrigante ou uma história poderosa.
- **Quem você é:** Apresente-se brevemente, concentrando-se em suas habilidades e experiências mais relevantes.
- **Como você ajuda:** Seja específico sobre o valor que você oferece. Que problemas você resolve? Que resultados você já proporcionou a outras pessoas?
- **Chamada para ação:** Termine com um convite claro, seja para se conectar, acompanhar seu conteúdo ou visitar seu site.

Exemplo:

"Acredito que toda empresa, por menor que seja, tem o potencial de crescer com as estratégias certas. Nos últimos dez anos, tenho ajudado startups a aumentar sua receita por meio de campanhas de marketing orientadas por dados que geram resultados. Se você está procurando levar sua empresa para o próximo nível, vamos nos conectar!"

Etapas de ação:

- Escreva sua seção "Sobre" na primeira pessoa para criar uma conexão mais pessoal.
- Mantenha-o claro, conciso e focado no leitor.
- Inclua uma chamada para ação no final, convidando as pessoas a se conectarem ou seguirem.

1.5 Experiência e habilidades: Demonstração de seu conhecimento especializado

As seções Experiência e Habilidades são onde você mostra sua jornada profissional e seu conhecimento. Não liste apenas os cargos - essa é a sua chance de destacar as realizações, quantificar seu impacto e mostrar como suas funções anteriores se alinham à sua marca pessoal atual.

Etapas de ação:

- Para cada cargo, escreva uma breve descrição que se concentre no valor que você trouxe para a empresa. Use métricas sempre que possível (por exemplo, "Aumentou as vendas em 35% em 6 meses").
- Adicione mídia às suas entradas de experiência, como vídeos, apresentações ou artigos que mostrem seu trabalho.
- Apoie as habilidades que se alinham à sua marca e convide os colegas a apoiarem as suas.

1.6 Recomendações e realizações: Construindo credibilidade

As recomendações servem como prova social de sua experiência. Entre em contato com ex-colegas, clientes ou mentores que possam atestar seu trabalho. As recomendações pessoais ajudam muito a criar confiança com novas conexões.

Etapas de ação:

- Procure ter pelo menos 3 a 5 recomendações de qualidade em seu perfil.
- Não tenha receio de pedir recomendações de pessoas que conhecem bem seu trabalho.

Na seção Realizações, inclua certificações relevantes, idiomas, experiência como voluntário ou projetos que reforcem sua credibilidade.

1.7 O poder da mídia: Apresentando seu melhor trabalho

Um dos recursos de destaque do LinkedIn é a capacidade de anexar mídia ao seu perfil. Seja um projeto em que você trabalhou, um artigo que você escreveu ou uma entrevista em vídeo que você fez, a inclusão de mídia oferece aos visitantes uma compreensão mais profunda do seu trabalho e o diferencia de outras pessoas da sua área.

Etapas de ação:

- Faça upload de algumas mídias importantes para o seu perfil. Podem ser artigos, relatórios, apresentações ou qualquer outra forma de trabalho que mostre suas habilidades.
- Adicione mídia à sua seção "Destaque" para destacar seu melhor conteúdo.

1.8 Toques finais: Transformando seu perfil em um ímã de leads

Você otimizou seu perfil do LinkedIn, mas há mais um elemento essencial: Certifique-se de que seu perfil seja fácil de encontrar. Acesse suas configurações e certifique-se de que seu perfil esteja visível para todos e ajuste seu URL para algo simples (por exemplo, linkedin.com/in/yourname).

Resumo do capítulo

Um perfil magnético no LinkedIn não é apenas um currículo estático; é uma representação dinâmica de quem você é e do valor que agrega ao seu público. Ao otimizar todas as seções do seu perfil - sua foto, título, seção "Sobre", experiência e habilidades - você prepara o terreno para o sucesso ao embarcar em sua jornada para se tornar um influenciador do LinkedIn.

Capítulo 2: Identificação de seu nicho e público-alvo

Agora que você tem um perfil magnético no LinkedIn, a próxima etapa para se tornar um influenciador é encontrar sua voz exclusiva. No atual cenário lotado de mídias sociais, é fundamental ter um nicho específico. Um nicho bem definido ajuda você a atrair o público certo e a se estabelecer como uma autoridade.

Neste capítulo, vamos orientá-lo no processo de identificação do seu nicho e público-alvo, ambos vitais para a criação de conteúdo que repercuta e envolva as pessoas certas.

2.1 Por que o foco no nicho é fundamental

Muitos aspirantes a influenciadores cometem o erro de tentar agradar a todos. Embora isso possa parecer uma maneira de atingir um público mais amplo, geralmente tem o efeito oposto. Sem um foco claro, sua mensagem se perde e seu público pode não perceber a relevância do que você compartilha.

Pense nos influenciadores que se destacam no LinkedIn - sejam eles especializados em marketing digital, liderança, saúde mental ou empreendedorismo. Eles não estão tentando cobrir todos os tópicos sob o sol. Em vez disso, eles têm um nicho claro e definido que lhes permite criar conteúdo personalizado para um público específico.

Ter um nicho permite que você:

- **Atrair o público certo**: As pessoas saberão exatamente o que esperar de suas publicações e por que devem segui-lo.
- **Crie autoridade mais rapidamente**: Quando você se concentra em um tópico específico, é mais provável que seja visto como um especialista.

- **Crie conteúdo direcionado e relevante**: Você saberá exatamente com quem está falando, facilitando a criação de postagens que repercutam.

2.2 Exercícios para ajudá-lo a identificar seu nicho

Encontrar seu nicho não se trata apenas de escolher um tópico de seu interesse - trata-se de encontrar a interseção de sua experiência, paixão e o que seu público precisa. Aqui estão alguns exercícios para ajudá-lo a restringir seu foco:

Exercício 1: Paixão + conhecimento especializado = nicho

Desenhe dois círculos. Nomeie um deles como "Paixão" e o outro como "Experiência". No círculo "Passion" (Paixão), escreva tudo o que você gosta de falar ou que poderia discutir por horas sem se cansar. No círculo "Expertise", escreva as habilidades e áreas de conhecimento em que você tem experiência significativa.

Agora, observe onde os dois círculos se sobrepõem. É aí que está seu nicho. Seu nicho deve ser algo pelo qual você seja apaixonado, mas também algo em que possa oferecer valor real.

Exercício 2: Análise das necessidades do público

Outra maneira de determinar seu nicho é pensar nas necessidades específicas de seu público-alvo. Veja como:

- **Pesquise seu público**: Quem são eles? Que desafios eles enfrentam? Que tipo de conteúdo os ajudaria a superar esses desafios?
- **Analise os perfis do LinkedIn**: Observe os influenciadores de sucesso em sua área. Que tipo de conteúdo eles estão publicando? Qual é o nicho deles?

- **Envolva-se com sua rede**: Inicie conversas com pessoas do seu setor. Pergunte a elas com o que estão tendo dificuldades, qual conteúdo gostariam que estivesse disponível e o que procuram quando seguem alguém no LinkedIn.

Exercício 3: O método dos cinco porquês

Para obter maior clareza sobre seu nicho, pergunte a si mesmo "Por quê?" cinco vezes sobre o tópico escolhido. Por exemplo, se estiver pensando em se concentrar em liderança, pergunte a si mesmo:

- Por que quero falar sobre liderança?
- Por que a liderança é importante para mim?
- Por que acredito que minha perspectiva sobre liderança é importante?
- Por que as pessoas se interessarão pelo meu conteúdo sobre liderança?
- Por que agora é o momento certo para se concentrar nesse nicho?

Esse método o ajuda a refinar seu nicho e a garantir que haja um propósito mais profundo por trás de sua escolha.

2.3 Pesquisando e definindo seu público-alvo ideal

Depois de definir o seu nicho, é hora de identificar o seu público ideal. Sem uma compreensão clara de quem você está tentando alcançar, seu conteúdo pode não funcionar ou atrair o tipo errado de engajamento.

Veja como definir seu público ideal:

- **Dados demográficos**: Comece com informações demográficas básicas, como idade, gênero, setor e cargo. Por

exemplo, se estiver focado em liderança, seu público-alvo pode ser formado por profissionais em meio de carreira e gerentes.
- **Pontos problemáticos**: Quais são os desafios que seu público enfrenta? O que os mantém acordados à noite? Quanto mais você entender as dificuldades deles, mais relevante será o seu conteúdo.
- **Metas e desejos**: O que seu público-alvo deseja alcançar? Eles estão procurando expandir seus negócios, encontrar um novo emprego ou melhorar suas habilidades? Adapte seu conteúdo para ajudá-los a atingir suas metas.

2.4 Alinhando seu conteúdo para atender e envolver seu público

Agora que você tem uma visão clara do seu público, a próxima etapa é alinhar seu conteúdo com as necessidades e os interesses dele. Seu público é constantemente bombardeado com informações no LinkedIn, portanto, você precisa criar conteúdo que não apenas chame a atenção dele, mas que também o atenda de alguma forma significativa.

Etapas de ação:

- **Resolva os problemas deles**: Todo conteúdo que você publica deve responder a uma pergunta ou resolver um problema que seu público enfrenta. Quando você fornece valor de forma consistente, seu público-alvo volta para buscar mais.
- **Use a linguagem deles**: Preste atenção à maneira como seu público fala e escreve sobre o setor. Imite essa linguagem em suas postagens para criar uma conexão mais forte.
- **Interaja diretamente com eles**: Faça perguntas em suas postagens que gerem conversas. Responda aos comentários, envie mensagens aos seguidores e crie relacionamentos.

2.5 Exemplos reais de influenciadores bem-sucedidos em diferentes nichos

Para inspirá-lo, vamos dar uma olhada em alguns influenciadores bem-sucedidos do LinkedIn que criaram marcas fortes em nichos específicos:

Exemplo 1: Leah Turner, instrutora do LinkedIn

Leah Turner criou um nicho ao ajudar as pessoas a usar o LinkedIn como uma poderosa ferramenta de negócios. Seu conteúdo oferece dicas práticas, histórias de sucesso e conselhos sobre como aproveitar o LinkedIn para criar uma marca pessoal. Sua personalidade divertida e relacionável faz com que suas postagens se destaquem, permitindo que ela se envolva com um amplo público de empreendedores e profissionais que buscam impulsionar seu jogo no LinkedIn.

Exemplo 2: Justin Welsh, consultor solopreneur

Justin Welsh se concentra na criação de um negócio de solopreneur sem depender de estruturas corporativas tradicionais. Ele ensina seu público a gerar renda passiva, desenvolver suas marcas e dimensionar negócios individuais. Seu nicho claro atrai freelancers, consultores e empreendedores individuais.

Exemplo 3: Bridget Hyacinth, especialista em liderança

Bridget Hyacinth é uma líder de pensamento do LinkedIn em desenvolvimento de liderança e recursos humanos. Ela escreve extensivamente sobre tópicos relacionados à liderança, inteligência emocional e estratégias de gerenciamento, atraindo profissionais que buscam aprimorar suas habilidades de liderança e a cultura da empresa.

2.6 O poder da consistência e da persistência

Por fim, lembre-se de que identificar seu nicho e público-alvo é apenas o começo. Para realmente se tornar um influenciador do LinkedIn, você precisa aparecer de forma consistente. Seu público precisa confiar que você estará lá com insights valiosos semana após semana. E isso leva tempo - a construção de influência não acontece da noite para o dia.

O segredo é ser persistente, permanecer autêntico em seu nicho e interagir continuamente com seu público. Quanto mais você se mantiver fiel ao seu nicho e fornecer conteúdo relevante e valioso, mais rápido seu público crescerá.

Resumo do capítulo

Encontrar seu nicho e entender seu público são etapas cruciais para se tornar um influenciador do LinkedIn. Ao se concentrar naquilo que o apaixona e alinhar seu conteúdo com as necessidades do seu público, você poderá construir autoridade, criar conteúdo envolvente e começar a aumentar sua influência no LinkedIn. Continue assim - a consistência e a persistência compensarão a longo prazo.

Capítulo 3: Criando conteúdo que repercute

Você criou um perfil sólido no LinkedIn e identificou seu nicho e público-alvo. Agora vem a parte mais importante de se tornar um influenciador do LinkedIn - criar conteúdo que repercuta. O conteúdo é o combustível que impulsiona seu crescimento e, sem ele, seu perfil é apenas um outdoor vazio.

Neste capítulo, você aprenderá a criar conteúdo que não apenas atraia a atenção, mas também provoque conversas, construa relacionamentos e gere engajamento. Exploraremos diferentes formatos de conteúdo, técnicas de narração e estratégias para manter a consistência.

3.1 Os diferentes tipos de conteúdo que funcionam no LinkedIn

O LinkedIn é uma plataforma exclusiva que atende a profissionais, mas isso não significa que seu conteúdo tenha que ser formal ou seco. Os melhores influenciadores do LinkedIn sabem como misturar seu conteúdo para manter as coisas interessantes e, ao mesmo tempo, fornecer valor. Aqui está uma visão geral dos tipos de conteúdo mais eficazes no LinkedIn:

1. Postagens somente de texto

As postagens de texto são um dos formatos mais poderosos do LinkedIn. Elas são simples de criar e geralmente geram alto engajamento porque se concentram apenas na mensagem. Essas postagens geralmente são curtas, incisivas e diretas.

Dicas para postagens de texto bem-sucedidas:

- Mantenha-os com menos de 1.300 caracteres (o tamanho ideal para visibilidade).

- Comece com um gancho forte para chamar a atenção nas duas primeiras linhas.
- Use parágrafos curtos e marcadores para facilitar a leitura.
- Termine com uma chamada para ação (CTA), solicitando opiniões ou experiências.

2. Imagens e infográficos

O conteúdo visual é uma ótima maneira de quebrar feeds com muito texto e adicionar variedade às suas publicações. Uma imagem atraente pode impedir que alguém role a tela e incentivá-lo a ler sua publicação. Os infográficos são particularmente úteis para compartilhar dados, dicas ou processos de uma forma visualmente atraente.

Dicas para usar imagens:

- Use imagens de alta qualidade que estejam alinhadas com sua marca.
- Adicione sobreposições de texto para destacar pontos importantes.
- Para infográficos, certifique-se de que o design seja limpo e fácil de entender em um piscar de olhos.

3. Vídeos

Os vídeos no LinkedIn podem gerar mais engajamento do que qualquer outro tipo de conteúdo. Eles permitem que você mostre sua personalidade, compartilhe insights e se conecte com seu público em um nível mais profundo. Os vídeos podem ser usados para contar histórias, tutoriais ou mesmo apenas para compartilhar ideias sobre um tópico em alta.

Dicas para vídeos do LinkedIn:

- Mantenha os vídeos curtos (menos de dois minutos) para reter a atenção.

- Use legendas, pois muitos usuários rolam com o som desligado.
- Vá direto ao ponto e termine com uma CTA clara.

4. Artigos longos

O LinkedIn oferece a opção de publicar artigos longos diretamente na plataforma. Essa é uma ótima maneira de se aprofundar em um assunto e mostrar sua experiência. Artigos bem escritos podem estabelecer você como um líder de pensamento e agregar valor ao seu público.

Dicas para escrever artigos:

- Escolha um tópico que seja relevante para seu nicho e público-alvo.
- Estruture o artigo com seções, títulos e subtítulos claros.
- Forneça insights práticos e os apóie com dados ou exemplos.
- Use um título atraente para atrair os leitores.

5. Pesquisas de opinião

O recurso de enquete do LinkedIn é uma forma interativa de envolver seu público. As enquetes são rápidas, fáceis e podem ajudá-lo a obter insights de sua rede e, ao mesmo tempo, incentivar a participação.

Dicas para usar as pesquisas:

- Faça perguntas que sejam relevantes para seu nicho.
- Mantenha as opções simples, mas instigantes.
- Use as pesquisas como um iniciador de conversas - envolva-se com as respostas nos comentários.

3.2 Como criar uma postagem poderosa: Do gancho à chamada para ação

Agora que você conhece os diferentes tipos de conteúdo com bom desempenho no LinkedIn, vamos analisar a anatomia de uma postagem de alto desempenho.

Etapa 1: Comece com um gancho

As duas primeiras linhas de sua postagem são as mais importantes. É aqui que você chama a atenção do seu público. Se o seu gancho não repercutir, as pessoas passarão ao largo de sua publicação.

Ganchos que funcionam:

- **Faça uma pergunta provocativa:** "Por que tantas startups fracassam antes mesmo de começar?"
- **Compartilhe um fato ou estatística surpreendente:** "Você sabia que 75% das pessoas não atualizam seus perfis no LinkedIn regularmente?"
- **Comece com uma declaração ousada:** "Você não precisa de um orçamento enorme para construir uma marca pessoal".

Etapa 2: Construir a história

Depois de fisgar seu público, é hora de desenvolver a história. O corpo de sua postagem deve agregar valor - sejam insights, conselhos ou uma anedota pessoal. É aqui que você se conecta com seu público e oferece algo com que ele pode aprender ou se identificar.

Dicas para contar histórias:

- **Seja pessoal:** Compartilhe suas próprias experiências, tanto os sucessos quanto os fracassos. As pessoas se conectam com a autenticidade.
- **Use marcadores ou parágrafos curtos:** Isso facilita a leitura de sua postagem.

- **Mantenha a relevância:** Sempre relacione sua história às necessidades ou aos interesses de seu público.

Etapa 3: Termine com uma chamada para ação (CTA)

Uma postagem forte não deixa o leitor na mão. Sempre termine com uma CTA que incentive o envolvimento. Isso pode ser um pedido de feedback, um convite para que as pessoas compartilhem suas ideias ou até mesmo algo simples como "O que você acha?".

Exemplos de CTAs:

- "Qual é a sua opinião sobre isso? Diga-me nos comentários."
- "Se você enfrentou um desafio semelhante, compartilhe sua experiência abaixo."
- "Marque alguém que precisa ouvir esta mensagem".

3.3 Pilares de conteúdo: Identificação dos tópicos principais para obter consistência

A consistência é fundamental para se tornar um influenciador do LinkedIn. Mas consistência não significa apenas postar regularmente - significa também permanecer no tópico. É aqui que entram os pilares de conteúdo. Os pilares de conteúdo são 3 a 4 temas ou tópicos principais sobre os quais suas postagens girarão.

Como escolher seus pilares de conteúdo:

1. **Revisite seu nicho**: seus pilares de conteúdo devem estar alinhados com seu nicho e sua especialização.
2. **Necessidades do público**: Sobre o que seu público quer ouvir? Que perguntas eles têm? Seus pilares de conteúdo devem atender a essas necessidades.
3. **Sustentabilidade**: Escolha tópicos pelos quais você seja apaixonado e sobre os quais possa continuar escrevendo ao longo do tempo.

Exemplos de pilares de conteúdo:

- Se o seu nicho for marketing digital, seus pilares podem ser SEO, mídia social, estratégia de conteúdo e análise.
- Se o seu nicho for liderança, seus pilares podem ser gestão de equipes, inteligência emocional, comunicação e cultura da empresa.

3.4 Técnicas envolventes de narração de histórias

Contar histórias é uma das maneiras mais eficazes de se conectar com seu público no LinkedIn. As pessoas adoram histórias - elas são envolventes, relacionáveis e memoráveis. Aqui estão algumas técnicas de narração de histórias que ajudarão seu conteúdo a se destacar:

1. A jornada do herói

Uma estrutura clássica de narração de histórias é a "jornada do herói", na qual você conduz seu público por uma transformação. Compartilhe um desafio pessoal ou profissional que você enfrentou, as medidas que tomou para superá-lo e as lições que aprendeu.

2. Conflito e resolução

Comece descrevendo um problema ou conflito e depois explique como ele foi resolvido. Isso mantém o leitor envolvido porque ele quer saber como a história termina. Também é uma ótima maneira de agregar valor oferecendo soluções.

3. Momentos de relacionamento

Compartilhe momentos com os quais seu público possa se identificar. Quer se trate de uma luta comum em seu setor ou de uma experiência pessoal, as histórias relacionáveis criam conexões emocionais.

4. Histórias de sucesso de clientes

Se for o caso, compartilhe histórias de como você ajudou outras pessoas. Esses estudos de caso ou histórias de sucesso não apenas demonstram sua experiência, mas também fornecem prova social de seu impacto.

3.5 Com que frequência você deve postar?

Uma das maiores dúvidas que as pessoas têm é: "Com que frequência devo postar no LinkedIn?" A resposta depende de suas metas e capacidade, mas aqui está uma diretriz geral:

- **Mínimo**: Postar de 2 a 3 vezes por semana.
- **Ideal**: Publique de 4 a 5 vezes por semana para obter visibilidade consistente.

O mais importante é a consistência. Não comece postando todos os dias e depois se canse. Encontre um cronograma que funcione para você e mantenha-se fiel a ele.

Resumo do capítulo

A criação de conteúdo envolvente é a pedra angular da influência do LinkedIn. Não importa se você está postando atualizações de texto curtas, criando artigos detalhados ou compartilhando vídeos, o objetivo é sempre fornecer valor ao seu público. Use técnicas de narração de histórias, concentre-se nos pilares de seu conteúdo e mantenha um cronograma de postagens consistente. Com o tempo, seu conteúdo construirá sua autoridade e o ajudará a aumentar seu público no LinkedIn.

Capítulo 4: Criando engajamento e comunidade

Criar conteúdo valioso é apenas uma parte de se tornar um influenciador do LinkedIn. A outra metade da equação é criar engajamento. O engajamento vai além de curtidas e comentários - trata-se de promover conexões significativas, conduzir conversas e criar uma comunidade leal em torno de sua marca.

Neste capítulo, você aprenderá as estratégias e técnicas para aumentar o engajamento, criar uma comunidade e aproveitar ao máximo os recursos interativos do LinkedIn para se conectar com seu público.

4.1 Por que o engajamento é importante

O engajamento é a força vital da influência da mídia social. No LinkedIn, o engajamento sinaliza para o algoritmo que seu conteúdo é valioso, o que aumenta seu alcance. Quanto mais pessoas se envolverem com suas publicações, mais visibilidade você terá e mais rapidamente sua rede crescerá.

Mas, além do algoritmo, o engajamento tem uma finalidade mais profunda. Quando você se envolve ativamente com seu público, está construindo relacionamentos. Com o tempo, esses relacionamentos podem levar a oportunidades de negócios, colaborações e influência de longo prazo.

O engajamento é uma via de mão dupla - você precisa dar tanto quanto recebe. Isso significa não apenas fazer postagens regularmente, mas também interagir com outras pessoas, comentar postagens, compartilhar insights e fazer parte da conversa.

4.2 Como se envolver com os outros de forma eficaz

Criar engajamento requer interação consistente, não apenas com seu conteúdo, mas com outras pessoas em sua rede. Aqui estão as principais maneiras de interagir de forma eficaz no LinkedIn:

1. Comentários atenciosos sobre outras publicações

Uma das maneiras mais eficazes de interagir com outras pessoas é deixar comentários atenciosos e significativos em suas postagens. Não deixe apenas um emoji de "ótima publicação" ou um polegar para cima. Em vez disso, forneça insights, compartilhe sua perspectiva ou faça perguntas de acompanhamento. Isso agrega valor à conversa e ajuda você a se destacar.

Etapas de ação:

- Comprometa-se a comentar em pelo menos 10 a 15 publicações por dia em seu nicho.
- Envolva-se com influenciadores e colegas que compartilham conteúdo relevante para o seu setor.
- Não tenha medo de discordar, mas sempre mantenha o respeito e o profissionalismo.

2. Responder aos comentários em suas publicações

Quando as pessoas comentam em suas publicações, é fundamental responder prontamente. O envolvimento com os comentaristas incentiva mais interação e constrói relacionamentos. Além disso, cada resposta aumenta a visibilidade da sua publicação, sinalizando para o algoritmo do LinkedIn que seu conteúdo está gerando interesse.

Etapas de ação:

- Responda a todos os comentários em sua postagem dentro de 24 horas.
- Faça perguntas de acompanhamento para manter a conversa em andamento.

- Demonstre apreço reconhecendo e agradecendo às pessoas por suas percepções.

3. Mencionando e marcando pessoas

Mencionar ou marcar pessoas em suas publicações ou comentários é uma ótima maneira de interagir diretamente com os outros. Se você estiver agradecendo a alguém por sua contribuição, fazendo referência ao trabalho de um colega ou convidando alguém para uma discussão, a marcação ajuda a promover conexões.

Etapas de ação:

- Mencione as pessoas quando estiver fazendo referência às ideias ou ao trabalho delas em sua publicação.
- Marque colegas, mentores ou influenciadores nos comentários para destacar suas contribuições.
- Use as menções com moderação - não marque as pessoas desnecessariamente, ou isso pode parecer spam.

4. Envio de solicitações de conexão personalizadas

Embora o botão "Conectar" do LinkedIn seja fácil de clicar, reservar um momento para personalizar suas solicitações de conexão pode ajudar muito a criar relacionamentos significativos. Em vez de enviar solicitações genéricas, apresente-se e explique por que você gostaria de se conectar. Isso pode levar a compromissos mais proveitosos no futuro.

Etapas de ação:

- Ao enviar solicitações de conexão, sempre inclua uma mensagem pessoal.
- Mencione algo específico, como uma publicação recente, um interesse compartilhado ou uma conexão mútua.
- Seja educado, conciso e genuíno em sua mensagem.

4.3 Criação de discussões significativas na seção de comentários

A seção de comentários das suas publicações é uma ferramenta poderosa para promover um envolvimento mais profundo. É nela que você pode levar o relacionamento com seu público de uma simples conversa para uma conversa significativa. Ao incentivar as discussões, você convida seu público a compartilhar suas opiniões, fazer perguntas e se conectar em um nível mais profundo.

Como estimular discussões:

- **Faça perguntas abertas**: Convide seu público a compartilhar suas experiências ou opiniões sobre o tópico.
- **Reconheça pontos de vista diferentes**: Não fuja de debates saudáveis. Incentive seu público a compartilhar suas perspectivas, mesmo que sejam diferentes das suas.
- **Seja um facilitador**: Aja como um anfitrião na seção de comentários, orientando a conversa e fazendo com que todos se sintam bem-vindos.

Exemplos de iniciadores de discussão:

- "Na sua opinião, qual é o maior desafio do nosso setor no momento?"
- "Como você abordaria essa situação? Gostaria muito de ouvir sua opinião."
- "Alguém já passou por algo semelhante? Me conte nos comentários."

4.4 O poder da marcação, das menções e das colaborações

Uma das maneiras mais eficazes de criar engajamento no LinkedIn é por meio de colaborações. Seja como coautor de uma postagem, organizando um evento do LinkedIn Live ou marcando alguém em uma discussão, as colaborações permitem que você explore as redes de outras pessoas e, ao mesmo tempo, agregue valor ao seu público.

Dicas para uma colaboração eficaz:

- **Colaborar com influenciadores**: Identifique influenciadores em seu nicho e explore oportunidades para criar conteúdo em conjunto. Isso pode ser uma entrevista, uma publicação conjunta ou uma discussão no LinkedIn Live.
- **Marcação para reconhecimento**: Ao marcar alguém em uma publicação, você não apenas reconhece o conhecimento dessa pessoa, mas também a convida a interagir com seu conteúdo, aumentando o alcance.
- **Organize sessões do LinkedIn Live**: Organizar um evento do LinkedIn Live com outro especialista em sua área é uma ótima maneira de envolver seu público em tempo real e incentivar a interação.

Etapas de ação:

- Entre em contato com um influenciador ou colega do seu setor e proponha uma colaboração.
- Mencione alguém em uma publicação ou comentário para incentivar o envolvimento e iniciar uma conversa.
- Planeje uma sessão do LinkedIn Live com um palestrante ou colaborador convidado.

4.5 Criando uma comunidade leal em torno de sua marca

A verdadeira influência no LinkedIn vai além das métricas de engajamento - trata-se de criar uma comunidade. Sua comunidade é formada por pessoas que confiam em você, valorizam seus insights e interagem com você regularmente. Essas são as pessoas que defenderão você, compartilharão seu conteúdo e o recomendarão a outras pessoas.

A construção de uma comunidade não acontece da noite para o dia. Requer tempo, esforço e cuidado genuíno com as pessoas que você está tentando alcançar. Veja como promover uma comunidade leal em torno de sua marca:

1. Seja consistente

A consistência é a base da criação de comunidades. Seja na programação de postagens, no tom de suas mensagens ou no conteúdo que você compartilha, as pessoas precisam saber o que esperar de você. Ao aparecer de forma consistente, você constrói confiança e familiaridade com seu público.

2. Forneça valor, não apenas promoção

Sua comunidade está lá porque confia em você para fornecer conteúdo valioso. Isso significa evitar postagens excessivamente promocionais. Em vez disso, concentre-se em compartilhar insights, conselhos e dicas que ajudem seu público a resolver problemas ou aprender algo novo.

3. Envolver-se em uma comunicação bidirecional

As comunidades prosperam com a interação. Não se trata apenas de você falar com seu público - trata-se de ouvir, responder e criar espaço para que suas vozes sejam ouvidas.

4. Criar oportunidades de interação em grupo

Grupos do LinkedIn, enquetes e sessões do LinkedIn Live são excelentes maneiras de incentivar a interação do grupo e promover um senso de pertencimento. Você pode criar seu próprio grupo no LinkedIn com foco em seu nicho, onde os membros podem fazer perguntas, compartilhar recursos e participar de discussões significativas.

4.6 Como lidar com a negatividade e os trolls

Infelizmente, ao aumentar sua influência no LinkedIn, você pode se deparar com negatividade ou trolls. Lidar com comentários negativos ou críticas injustificadas faz parte do território, mas é importante lidar com isso com profissionalismo e elegância.

Dicas para lidar com a negatividade:

- **Ignore os trolls**: Os trolls gostam de chamar a atenção. Se alguém estiver sendo deliberadamente inflamatório ou rude, geralmente é melhor ignorá-lo.
- **Responda com elegância**: Se alguém fizer uma crítica construtiva ou discordar de sua publicação, envolva-o em uma discussão respeitosa. Reconheça o ponto de vista da pessoa e ofereça sua perspectiva.
- **Use o recurso de bloqueio quando necessário**: Se alguém estiver insistindo em trollar ou assediá-lo, não hesite em bloquear essa pessoa do seu perfil.

Resumo do capítulo

O engajamento é o cerne da construção de influência no LinkedIn. Ao interagir ativamente com seu público, participar de discussões significativas e colaborar com outras pessoas, você criará uma comunidade que não apenas se envolve com seu conteúdo, mas também defende sua marca. Lembre-se, o engajamento é uma via de mão dupla - dê tanto quanto recebe, e sua influência no LinkedIn crescerá exponencialmente.

Capítulo 5: Aproveitamento do LinkedIn Analytics para melhorar

Criar conteúdo e construir engajamento é essencial, mas para crescer como um influenciador do LinkedIn, você precisa medir seu progresso. O LinkedIn oferece uma série de ferramentas analíticas que lhe dão informações sobre o desempenho do seu conteúdo, quem está se envolvendo com ele e o que está causando mais impacto.

Neste capítulo, vamos nos aprofundar em como usar a análise do LinkedIn a seu favor, quais métricas rastrear e como refinar sua estratégia com base nos dados.

5.1 Entendendo as ferramentas de análise do LinkedIn

As ferramentas de análise do LinkedIn fornecem dados sobre suas postagens, visualizações de perfil, aparições em pesquisas e muito mais. Esses insights o ajudam a monitorar o que está funcionando e a identificar áreas que podem ser melhoradas.

1. Postar análises

Cada publicação que você faz no LinkedIn vem com seu próprio conjunto de análises. Isso inclui:

- **Impressões**: Quantas pessoas viram sua postagem?
- **Reações, comentários e compartilhamentos**: As métricas de engajamento que mostram quantas pessoas interagiram com sua publicação.
- **Taxa de engajamento**: A porcentagem de pessoas que viram sua publicação e interagiram com ela.

Etapas de ação:

- Analise o envolvimento em suas postagens semanalmente. Quais postagens tiveram a maior taxa de engajamento? Quais tópicos, formatos e horários tiveram melhor desempenho?
- Procure padrões no que repercute em seu público.

2. Visualizações de perfil

A análise de seu perfil mostra quantas pessoas visualizaram seu perfil em um período específico. Ela também fornece informações sobre os setores, cargos e locais das pessoas que estão visualizando seu perfil.

Etapas de ação:

- Acompanhe as visualizações do seu perfil mensalmente. Se as visualizações do seu perfil aumentarem após a publicação de determinado conteúdo, esse é um bom indicador de que você está atraindo a atenção certa.
- Use esses insights para ajustar o título e as seções do perfil para se alinhar melhor com o público que está visualizando seu perfil.

3. Aparições de pesquisa

O recurso "Search Appearances" do LinkedIn mostra quantas vezes você apareceu nos resultados de pesquisa do LinkedIn e as palavras-chave que as pessoas usaram para encontrá-lo.

Etapas de ação:

- Verifique regularmente as palavras-chave que estão levando as pessoas ao seu perfil. Se elas forem relevantes para seu nicho, ótimo! Caso contrário, considere a possibilidade de atualizar seu perfil com palavras-chave mais relevantes.
- Certifique-se de que o título e o resumo sejam otimizados com palavras-chave que reflitam seu nicho e sua especialização.

5.2 As principais métricas a serem enfocadas

Nem todas as métricas são criadas da mesma forma. Embora seja fácil ficar preso a métricas de vaidade, como curtidas e impressões, elas nem sempre contam a história completa. Aqui está um detalhamento das principais métricas que realmente importam para os influenciadores do LinkedIn:

1. Taxa de engajamento

A taxa de engajamento é a porcentagem de pessoas que interagiram com sua publicação em relação ao número de impressões. Essa é uma métrica crucial porque mostra a eficácia do seu conteúdo em gerar interação.

Etapas de ação:

- Concentre-se em melhorar sua taxa de engajamento em vez de apenas aumentar as impressões. Se a sua taxa de engajamento for baixa, talvez seja necessário rever sua estratégia de conteúdo ou concentrar-se em conteúdo mais interativo (por exemplo, perguntas e enquetes).

2. Visualizações de perfil

Um aumento nas visualizações de perfil indica que seu conteúdo está gerando curiosidade sobre quem você é. Também é um bom indicador de quão bem seu conteúdo está alinhado com sua marca.

Etapas de ação:

- Tenha como objetivo o crescimento constante das visualizações de perfil. Se você observar um pico, investigue o conteúdo ou as táticas de envolvimento que levaram a esse aumento.
- Se as visualizações do seu perfil estiverem estagnadas, considere a possibilidade de atualizá-lo para refletir melhor seu conteúdo e engajamento.

3. Aparições de pesquisa

As aparições na pesquisa são um sinal de sua visibilidade no LinkedIn. Quanto mais altas forem suas aparições na pesquisa, maior será a probabilidade de as pessoas descobrirem seu perfil por meio de pesquisas de palavras-chave.

Etapas de ação:

- Certifique-se de que seu perfil esteja otimizado para as palavras-chave corretas, especialmente no título e na seção "Sobre". Isso aumentará a probabilidade de aparecer nos resultados de pesquisa relevantes para o seu nicho.
- Acompanhe o número de aparições na pesquisa e ajuste seu perfil conforme necessário para aumentar esse número.

4. Comentários e compartilhamentos

Comentários e compartilhamentos são as métricas de engajamento mais importantes. Os comentários mostram que as pessoas estão suficientemente interessadas em seu conteúdo para responder, enquanto os compartilhamentos indicam que seu conteúdo foi valioso o suficiente para que alguém queira divulgá-lo ainda mais.

Etapas de ação:

- Concentre-se em incentivar mais comentários e compartilhamentos fazendo perguntas, provocando discussões e fornecendo insights valiosos e compartilháveis.
- Interaja com as pessoas que comentam em suas postagens para manter a conversa em andamento.

5.3 Teste A/B de suas ideias de conteúdo

O teste A/B é um método em que você experimenta duas versões de uma postagem ou ideia de conteúdo para ver qual tem melhor desempenho. Isso pode ajudá-lo a refinar sua estratégia de conteúdo e a entender melhor o que funciona para seu público.

Etapas do teste A/B no LinkedIn:

- **Escolha uma variável**: Pode ser o formato (texto vs. imagem), o tópico ou até mesmo o horário da postagem.
- **Crie duas postagens semelhantes**: Mantenha tudo consistente, exceto a variável que está sendo testada.
- **Meça os resultados**: Compare as taxas de engajamento das duas postagens e veja qual versão tem melhor desempenho.

Etapas de ação:

- Faça experiências regulares com diferentes tamanhos, formatos e tópicos de postagens. Teste uma variável de cada vez para identificar a que seu público responde melhor.
- Acompanhe os resultados e ajuste sua estratégia de conteúdo com base no que funciona.

5.4 Refinando sua estratégia com base nos dados

Depois de coletar dados de sua análise do LinkedIn, é hora de refinar sua estratégia. Os insights obtidos devem orientá-lo a fazer ajustes em seu conteúdo, programação de postagens e táticas de engajamento.

Etapas para refinar sua estratégia:

1. **Analise as tendências de desempenho**: Veja quais postagens tiveram o melhor desempenho e por quê. Foi o formato, o tópico ou o horário em que você postou? Use essas informações para moldar o conteúdo futuro.
2. **Ajuste sua combinação de conteúdo**: Se os vídeos obtiverem consistentemente mais engajamento do que as postagens de texto, considere a possibilidade de incorporar mais vídeos em sua estratégia de conteúdo.
3. **Revisite seu público-alvo**: Se suas análises mostrarem que um determinado grupo demográfico ou cargo está se envolvendo mais com seu conteúdo, adapte suas mensagens para atender melhor a esse público.
4. **Faça experiências com o tempo**: Use seus dados de pós-desempenho para determinar os melhores horários para postar. Se você notar um maior envolvimento no período da manhã, programe seu conteúdo de acordo.

5.5 Mantendo-se adaptável

O LinkedIn é uma plataforma dinâmica, e o que funciona hoje pode não funcionar amanhã. Para se manter relevante e continuar crescendo como influenciador, você precisa se manter adaptável. Verifique regularmente suas análises, mantenha-se informado sobre novos recursos e tendências e esteja disposto a experimentar novos tipos de conteúdo.

Resumo do capítulo

Aproveitar a análise do LinkedIn é essencial para entender o que funciona e melhorar continuamente sua estratégia. Ao acompanhar as principais métricas, como taxa de engajamento, visualizações de perfil e aparições em pesquisas, você pode refinar sua abordagem e se concentrar no que realmente impulsiona o crescimento. Lembre-se, os dados são seus amigos - use-os para ficar à frente da curva e adaptar sua estratégia para manter seu público envolvido.

Capítulo 6: Criando uma marca pessoal no LinkedIn

Sua marca é o que o diferencia dos milhões de outros usuários do LinkedIn. É a combinação exclusiva de seus valores, experiência e personalidade que molda a forma como as pessoas o percebem. A construção de uma marca pessoal forte é essencial para uma influência de longo prazo no LinkedIn, pois não só atrai seguidores, mas também o estabelece como um líder de pensamento em seu nicho.

Neste capítulo, exploraremos os fundamentos da marca pessoal, como criar a história de sua marca pessoal e como manter a consistência em seu conteúdo e interações.

6.1 O que é uma marca pessoal e por que ela é importante?

Sua marca é mais do que apenas seu perfil ou o conteúdo que você compartilha - é a impressão que você deixa nos outros. É como as pessoas pensam e falam sobre você quando você não está na sala (ou não está no LinkedIn).

Uma marca pessoal forte:

- **Gera confiança e credibilidade**: É mais provável que as pessoas sigam, se envolvam e façam negócios com alguém em quem confiam.
- **Faz você se destacar**: Em um espaço lotado como o LinkedIn, ter uma marca clara e autêntica ajuda você a se destacar.
- **Abre portas**: Uma marca pessoal bem estabelecida pode levar a palestras, ofertas de emprego, colaborações e outras oportunidades.

6.2 Criando a história de sua marca pessoal

Uma das maneiras mais poderosas de construir sua marca é por meio da narração de histórias. A história de sua marca pessoal é a narrativa que comunica quem você é, o que você representa e por que as pessoas devem se importar com isso. Não se trata apenas do que você faz, mas por que você o faz.

Etapas para criar a história de sua marca pessoal:

1. **Comece com seu "porquê"**: O que o motiva? Pelo que você é apaixonado? Por que você faz o que faz?
2. **Destaque sua jornada**: Compartilhe os principais momentos de sua carreira ou vida que moldaram seus valores e conhecimentos. Seja autêntico - as pessoas se conectam com histórias reais.
3. **Identifique seu valor exclusivo**: O que o diferencia dos outros em seu nicho? Como você agrega valor ao seu público?
4. **Mantenha a relação**: Sua história deve ter ressonância com seu público. Enquadre-a de forma que eles possam se ver em sua jornada ou aprender algo valioso com ela.

Exemplo de uma história de marca pessoal:

"Comecei minha carreira como profissional de marketing júnior com pouco conhecimento, mas muita paixão. Com o passar dos anos, aprendi que o sucesso não vem de fazer as coisas da maneira como sempre foram feitas - vem da inovação, da criatividade e da disposição para assumir riscos. Hoje, ajudo startups e pequenas empresas a desbloquear seu potencial por meio de estratégias de marketing orientadas por dados e sou apaixonado por compartilhar as lições que aprendi ao longo do caminho para ajudar outras pessoas a ter sucesso."

6.3 Manutenção da consistência em todas as comunicações

A consistência é fundamental para criar uma marca pessoal forte. Suas mensagens, seu tom e seu conteúdo devem estar alinhados com sua marca em todas as suas interações no LinkedIn, seja em postagens, comentários, mensagens ou artigos.

Como manter a consistência da marca:

- **Defina seu tom de voz**: Você é formal, coloquial, bem-humorado ou autoritário? Escolha um tom que reflita sua personalidade e sua marca.
- **Atenha-se à sua mensagem principal**: Embora você possa explorar diferentes tópicos, sempre retorne à sua mensagem principal. Se a sua marca trata de liderança, por exemplo, certifique-se de que isso esteja refletido em tudo o que você compartilha.
- **Use recursos visuais de forma consistente**: Desde a foto do seu perfil até as imagens ou infográficos que você compartilha, sua marca visual deve ser coesa e reconhecível.

6.4 Evolução de sua marca ao longo do tempo

Sua marca não é estática - ela deve evoluir à medida que você cresce. À medida que você adquire mais experiência, aprende novas habilidades ou muda seu foco, sua marca pode mudar para refletir seus novos conhecimentos. Entretanto, embora a evolução de sua marca seja importante, o segredo é manter-se autêntico.

Etapas de ação:

- **Reveja regularmente a história de sua marca**: Ela ainda é fiel a quem você é? Há novos elementos de sua jornada que podem ser incorporados?
- **Fique aberto ao feedback**: À medida que você constrói sua marca, ouça como os outros o percebem. Use esse feedback para refinar e fortalecer sua marca.
- **Esteja disposto a mudar**: Se você descobrir uma nova paixão ou interesse, não tenha medo de mudar sua marca para refletir essa mudança.

Resumo do capítulo

Criar uma marca pessoal no LinkedIn é uma das maneiras mais eficazes de se destacar e aumentar sua influência. Ao elaborar uma história de marca pessoal convincente, manter a consistência em suas comunicações e evoluir sua marca ao longo do tempo, você criará uma impressão duradoura em seu público. Sua marca é seu ativo mais valioso - cultive-a e ela abrirá portas que você nunca imaginou serem possíveis.

Capítulo 7: Expansão de sua rede e influência

O LinkedIn não se trata apenas de criar conteúdo e compartilhar sua marca - trata-se de construir relacionamentos e expandir sua rede. Quanto mais pessoas se conectarem com você, mais oportunidades você terá de aumentar sua influência e abrir novas portas. Mas expandir sua rede não significa apenas enviar solicitações de conexão aleatórias. Trata-se de criar relacionamentos significativos e de longo prazo com as pessoas certas.

Neste capítulo, exploraremos como aumentar estrategicamente sua rede, aproveitar o LinkedIn Groups e o LinkedIn Live e colaborar com outras pessoas para expandir sua influência.

7.1 Criação de conexões de forma orgânica

Aumentar sua rede do LinkedIn de forma orgânica significa atrair as conexões certas que estão genuinamente interessadas no que você tem a oferecer. Veja como fazer isso:

1. Compartilhe conteúdo consistente e valioso

Quando você publica consistentemente conteúdo valioso que repercute em seu nicho, as pessoas naturalmente desejam se conectar com você. Elas o verão como um líder de pensamento e alguém que vale a pena seguir.

Etapas de ação:

- Continue publicando conteúdo relevante e de alta qualidade que se alinhe à sua marca e envolva seu público.

- Concentre-se em criar confiança e credibilidade em vez de se apressar para aumentar seus números.

2. Envolva-se com o conteúdo de outras pessoas

Comentar e compartilhar as publicações de outras pessoas é uma excelente maneira de expandir sua rede. Quando você agrega valor ao conteúdo de outra pessoa, não apenas constrói relacionamentos com ela, mas também é notado pelo público dela.

Etapas de ação:

- Reserve um tempo todos os dias para participar de pelo menos dez publicações de pessoas do seu setor.
- Deixe comentários atenciosos que agreguem valor à conversa.

3. Personalize as solicitações de conexão

Em vez de enviar solicitações de conexão genéricas, personalize seus convites explicando por que você gostaria de se conectar. Mencione algo específico - seja um interesse compartilhado, uma publicação recente ou uma conexão mútua.

Etapas de ação:

- Ao enviar uma solicitação de conexão, sempre inclua uma breve mensagem personalizada.
- Seja educado e genuíno em sua abordagem. Concentre-se em construir relacionamentos, não apenas em aumentar seus números.

7.2 Aproveitamento dos grupos do LinkedIn e do LinkedIn Live

O LinkedIn oferece vários recursos criados para ajudá-lo a expandir seu alcance e influência, incluindo o LinkedIn Groups e o LinkedIn Live.

Grupos do LinkedIn

Os grupos do LinkedIn são comunidades criadas em torno de setores, tópicos ou interesses específicos. Entrar e participar de grupos relevantes pode ajudá-lo a se conectar com profissionais que pensam da mesma forma e a estabelecer sua presença em seu nicho.

Etapas de ação:

- Participe de grupos do LinkedIn relacionados ao seu setor ou especialidade.
- Participe de discussões compartilhando percepções, fazendo perguntas e fornecendo valor.
- Se não houver um grupo em seu nicho, considere a possibilidade de criar um para formar uma comunidade em torno de seus conhecimentos.

LinkedIn Live

O LinkedIn Live permite que você transmita conteúdo de vídeo ao vivo para sua rede em tempo real. Essa é uma ferramenta poderosa para interagir com seu público, hospedar discussões e criar autoridade em seu nicho.

Etapas de ação:

- Planeje uma sessão do LinkedIn Live para discutir um tópico de tendência ou compartilhar insights valiosos com seu público.
- Convide palestrantes convidados para colaborar e trazer uma nova perspectiva.
- Use o LinkedIn Live para interagir com seu público em tempo real, responder às perguntas dele e promover conexões mais profundas.

7.3 Colaboração com outros influenciadores

A colaboração com outros influenciadores ou profissionais do LinkedIn em seu nicho é uma maneira eficaz de expandir seu alcance. Ao colaborar, você aproveita as redes uns dos outros e se apresenta a um novo público.

Tipos de colaboração:

- **Postagens de convidados**: Escreva um guest post para alguém do seu setor ou convide-o para escrever um para você.
- **LinkedIn Lives conjuntos**: Seja co-anfitrião de uma sessão do LinkedIn Live com outro influenciador para oferecer mais valor a ambos os públicos.
- **Conteúdo colaborativo**: Trabalhe em conjunto para criar um guia, um relatório ou uma série de postagens que beneficiem seus seguidores.

Etapas de ação:

- Entre em contato com influenciadores em seu nicho e proponha ideias de colaboração que beneficiem vocês dois.
- Concentre-se na criação de cenários vantajosos para todos, em que ambos agreguem valor ao público um do outro.

7.4 Como se tornar um líder de pensamento

Um líder de pensamento é alguém reconhecido como uma autoridade em seu campo. Ao expandir sua rede e continuar a compartilhar conteúdo valioso, você naturalmente começará a se posicionar como um líder de ideias. Os líderes de ideias são frequentemente convidados a falar em eventos, colaborar com marcas e compartilhar seus conhecimentos em plataformas maiores.

Como se posicionar como um líder de pensamento:

- **Fale em eventos**: Entre em contato com os organizadores de eventos ou participe de painéis em conferências do setor para compartilhar sua experiência.
- **Publique pesquisas originais**: Se possível, publique dados, relatórios ou percepções que ofereçam perspectivas exclusivas em seu nicho.
- **Seja consistente**: A liderança inovadora é construída com o tempo. Apareça de forma consistente, forneça valor e interaja com seu público para solidificar sua posição.

Resumo do capítulo

Expandir sua rede do LinkedIn significa criar conexões significativas com as pessoas certas. Ao compartilhar conteúdo valioso, interagir com outras pessoas e aproveitar o LinkedIn Groups, o LinkedIn Live e as colaborações, você aumentará sua influência e se posicionará como um líder de pensamento. Lembre-se de que o networking tem a ver com qualidade, não com quantidade - concentre-se em criar relacionamentos reais que agreguem valor a ambas as partes.

Capítulo 8: Evitando armadilhas comuns e mantendo-se autêntico

À medida que você aumenta sua influência no LinkedIn, é importante evitar as armadilhas comuns que podem inviabilizar seus esforços. Na busca pelo crescimento, muitos aspirantes a influenciadores caem em armadilhas como se concentrar demais em métricas de vaidade, perder a autenticidade ou se esgotar.

Neste capítulo, discutiremos os erros mais comuns a serem evitados, como permanecer fiel a si mesmo e como manter um equilíbrio saudável enquanto aumenta sua presença no LinkedIn.

8.1 Os riscos de se concentrar em métricas de vaidade

As métricas de vaidade são números que parecem impressionantes, mas não refletem necessariamente um envolvimento ou impacto significativo. Elas incluem coisas como contagem de seguidores e impressões. Embora seja tentador perseguir grandes números, concentrar-se demais nas métricas de vaidade pode levar a um crescimento não autêntico e à perda de oportunidades.

Por que as métricas de vaidade não são importantes:

- **Um grande número de seguidores não significa um grande envolvimento**: Você pode ter milhares de seguidores, mas se nenhum deles estiver interagindo com seu conteúdo, isso não significa muito.
- **As impressões não garantem influência**: O fato de sua publicação ter sido vista por um grande número de pessoas não significa que elas tenham realizado alguma ação significativa.

Etapas de ação:

- Concentre-se nas métricas de engajamento, como comentários, compartilhamentos e discussões. Elas refletem a interação genuína e o interesse em seu conteúdo.
- Não fique obcecado com o número de seguidores. É melhor ter 1.000 seguidores altamente engajados do que 10.000 que não estão interessados no que você tem a dizer.

8.2 Manter-se autêntico em seu conteúdo e em suas interações

A autenticidade é uma das qualidades mais importantes para um influenciador do LinkedIn. As pessoas percebem quando você está sendo genuíno e é mais provável que confiem em você e se envolvam com você se sentirem que você está sendo verdadeiro. Na busca por influência, é fácil cair na armadilha de tentar ser alguém que você não é, mas essa abordagem não levará a um sucesso duradouro.

Como se manter autêntico:

- **Seja você mesmo**: Não tente imitar outros influenciadores nem adote uma personalidade que não pareça fiel a você. A autenticidade transparece, e seu público apreciará sua honestidade.
- **Compartilhe suas experiências reais**: Fale sobre seus sucessos, mas também compartilhe seus desafios e fracassos. A vulnerabilidade cria conexões.
- **Envolva-se de forma autêntica**: Ao comentar nas postagens de outras pessoas ou responder a comentários, seja genuíno em suas respostas. As pessoas percebem quando você está apenas agindo mecanicamente.

8.3 Como lidar com trolls, negatividade e críticas

Ao aumentar sua influência, você pode se deparar com negatividade ou críticas. Embora alguns comentários possam ser construtivos, outros podem simplesmente tentar derrubá-lo. É importante aprender a lidar com as críticas com elegância e não deixar que a negatividade atrapalhe seu progresso.

Como lidar com trolls e críticas:

- **Não alimente os trolls**: Os trolls gostam de atenção. Se alguém estiver sendo deliberadamente negativo ou inflamatório, é melhor ignorá-lo.
- **Envolva-se com críticas construtivas**: Se alguém oferecer um feedback ponderado, converse com ele de forma respeitosa. Você pode aprender algo valioso, e seu público apreciará sua abertura.
- **Use os recursos de bloqueio e denúncia**: Se alguém estiver assediando ou trollando você de forma persistente, não hesite em bloquear essa pessoa ou denunciar o comportamento dela ao LinkedIn.

8.4 Manutenção da saúde mental e prevenção do esgotamento

Aumentar sua influência no LinkedIn exige tempo e esforço, e é fácil se esgotar se você não cuidar de si mesmo. A criação consistente de conteúdo, o engajamento com seu público e o gerenciamento de sua marca podem parecer esmagadores se não forem equilibrados adequadamente.

Dicas para evitar o esgotamento:

- **Estabeleça limites**: Não sinta que precisa estar on-line o tempo todo. Defina horários específicos para se envolver no LinkedIn e cumpra-os.
- **Faça pausas**: Se estiver se sentindo sobrecarregado, afaste-se por um ou dois dias. Seu público ainda estará lá quando você voltar.
- **Delegue quando possível**: À medida que você cresce, talvez queira considerar a contratação de um assistente virtual ou gerente de mídia social para ajudar com algumas das tarefas mais rotineiras, como programar postagens ou gerenciar comentários.

Resumo do capítulo

À medida que você aumenta sua influência no LinkedIn, é essencial evitar armadilhas comuns, como concentrar-se em métricas de vaidade, perder a autenticidade e esgotar-se. Mantenha-se fiel a si mesmo, envolva-se de forma significativa e cuide de sua saúde mental para garantir o sucesso a longo prazo. A autenticidade e a resiliência são seus maiores ativos na construção de uma influência duradoura.

Capítulo 9: Monetizando sua influência no LinkedIn

Tornar-se um influenciador do LinkedIn não significa apenas aumentar sua rede e compartilhar conteúdo - também pode ser um caminho para a monetização. Se você deseja vender serviços, fazer parcerias com marcas ou oferecer consultoria, o LinkedIn oferece inúmeras oportunidades para transformar sua influência em receita.

Neste capítulo, exploraremos as diferentes maneiras pelas quais você pode monetizar sua presença no LinkedIn e criar um fluxo de renda sustentável.

9.1 Como os influenciadores do LinkedIn ganham dinheiro

Há várias maneiras de monetizar sua influência no LinkedIn, dependendo de seu nicho, público e experiência. Aqui estão alguns dos fluxos de receita mais comuns para influenciadores do LinkedIn:

1. Consultoria e coaching

Muitos influenciadores do LinkedIn oferecem serviços de consultoria ou treinamento com base em seus conhecimentos. Se você é um especialista em marketing, coach de liderança ou estrategista de vendas, pode aproveitar sua influência para atrair clientes que estejam dispostos a pagar por seus conselhos e orientações.

Etapas de ação:

- Crie uma oferta de serviço clara e descreva o valor que você oferece.
- Promova seus serviços de consultoria por meio de seu perfil e conteúdo no LinkedIn.

- Use o recurso de mensagens do LinkedIn para se conectar com clientes potenciais e oferecer consultas gratuitas ou chamadas de descoberta.

2. Compromissos de palestras

À medida que sua influência aumenta, você pode ser convidado a falar em eventos, webinars ou podcasts. Os compromissos de palestras são uma ótima maneira de mostrar sua experiência, criar credibilidade e ser pago para compartilhar seu conhecimento.

Etapas de ação:

- Comece falando em eventos menores ou webinars para criar seu portfólio de palestras.
- Entre em contato com os organizadores de eventos do seu setor e apresente-se como palestrante.
- Compartilhe clipes ou gravações de suas palestras no LinkedIn para atrair mais oportunidades.

3. Conteúdo patrocinado e parcerias com marcas

As marcas estão sempre procurando influenciadores que possam ajudá-las a atingir seu público-alvo. Como influenciador do LinkedIn, você pode colaborar com as marcas para promover seus produtos ou serviços por meio de publicações patrocinadas, análises ou parcerias de conteúdo.

Etapas de ação:

- Crie um kit de mídia que descreva os dados demográficos do seu público, as métricas de envolvimento e os tipos de colaboração que você oferece.
- Entre em contato com marcas que se alinham com seu nicho e ofereça oportunidades de parceria.
- Seja transparente com seu público ao compartilhar conteúdo patrocinado para manter a confiança e a autenticidade.

4. Cursos on-line e webinars

Se você tiver conhecimentos valiosos, considere a possibilidade de criar e vender cursos on-line ou webinars. O LinkedIn é uma excelente plataforma para promover esses produtos para o seu público e permite que você transforme seu conhecimento em um fluxo de receita escalável.

Etapas de ação:

- Escolha um tópico que se alinhe com sua experiência e que esteja em demanda em seu nicho.
- Crie um curso on-line ou webinar de alta qualidade que ofereça valor real ao seu público.
- Promova seu curso por meio de postagens, artigos e mensagens diretas no LinkedIn.

5. Marketing de afiliados

O marketing de afiliados envolve a promoção de produtos ou serviços e o recebimento de uma comissão por cada venda feita por meio de seu link de indicação exclusivo. Esse pode ser um fluxo de renda passivo, especialmente se você promover produtos ou serviços altamente relevantes para o seu público.

Etapas de ação:

- Escolha programas de afiliados que estejam alinhados com seu nicho e público-alvo.
- Compartilhe críticas ou recomendações honestas e genuínas em seu conteúdo.
- Sempre divulgue quando estiver usando links de afiliados para manter a transparência com seu público.

9.2 Criação de um portfólio de serviços

À medida que você aumenta sua influência, é importante diversificar seus fluxos de renda. Ao oferecer uma variedade de serviços - como consultoria, palestras, cursos on-line e parcerias com marcas - você pode criar um negócio sustentável em torno de sua presença no LinkedIn.

Etapas de ação:

- Crie um portfólio claro dos serviços que você oferece, incluindo preços e resultados.
- Promova seus serviços regularmente por meio de postagens, artigos e seu perfil no LinkedIn.
- Esteja aberto para ajustar suas ofertas de serviços à medida que seu público cresce e sua experiência evolui.

9.3 Criação de parcerias de marca e acordos de patrocínio

A colaboração com marcas é uma das formas mais lucrativas de monetizar sua influência no LinkedIn. As marcas estão dispostas a pagar pela exposição ao seu público, mas é importante escolher parcerias que se alinhem à sua marca e agreguem valor aos seus seguidores.

Etapas para garantir parcerias com marcas:

1. **Crie seu kit de mídia**: Inclua os dados demográficos do seu público, as métricas de engajamento e os tipos de conteúdo que você cria.
2. **Entre em contato com as marcas**: Identifique as marcas que se alinham com seu nicho e proponha ideias de colaboração que ofereçam valor mútuo.
3. **Mantenha a autenticidade**: Faça parcerias apenas com marcas nas quais você realmente acredita e certifique-se de divulgar o conteúdo patrocinado para o seu público.

9.4 Oferta de webinars, coaching e treinamento pagos

O LinkedIn é uma excelente plataforma para promover webinars pagos, programas de coaching e sessões de treinamento. Essas ofertas permitem que você compartilhe sua experiência e, ao mesmo tempo, gere renda. Além disso, os webinars e os programas de treinamento podem ser escalonados, permitindo que você alcance um público maior.

Etapas de ação:

- Planeje e promova um webinar pago ou uma sessão de treinamento que se alinhe às necessidades do seu público.
- Use postagens, artigos e mensagens do LinkedIn para promover sua oferta e gerar registros.
- Considere a possibilidade de oferecer um webinar gratuito ou uma sessão de treinamento como um lead-in para seus serviços pagos.

9.5 Transformando influência em receita: Estratégias passo a passo

Aqui está um guia passo a passo para monetizar sua influência no LinkedIn:

Etapa 1: Crie um público confiável e engajado

Antes de monetizar sua influência no LinkedIn, você precisa criar confiança com seu público. Concentre-se em fornecer valor, interagir com seus seguidores e estabelecer-se como uma autoridade em seu nicho.

Etapa 2: Diversifique seus fluxos de renda

Depois de criar um público sólido, diversifique seus fluxos de receita oferecendo uma combinação de consultoria, palestras, cursos on-line e parcerias com marcas.

Etapa 3: Promova seus serviços

Use o LinkedIn para promover seus serviços regularmente. Compartilhe histórias de sucesso, depoimentos e estudos de caso para mostrar o valor que você oferece.

Etapa 4: Colaborar com as marcas

Entre em contato com marcas que se alinham com seu nicho e público-alvo. Proponha acordos de patrocínio, publicações patrocinadas ou parcerias com marcas que beneficiem ambas as partes.

Etapa 5: Dimensione suas ofertas

À medida que sua influência crescer, procure oportunidades de ampliar seus serviços. Isso pode incluir a oferta de treinamento em grupo, a criação de produtos digitais ou o desenvolvimento de um serviço baseado em assinatura.

Resumo do capítulo

É possível monetizar sua influência no LinkedIn por meio de uma variedade de fluxos de renda, incluindo consultoria, palestras, cursos on-line e parcerias com marcas. Ao criar um público confiável, diversificar seus fluxos de receita e ampliar suas ofertas, você pode transformar sua influência no LinkedIn em um negócio sustentável. O segredo é manter-se autêntico, fornecer valor e construir relacionamentos de longo prazo com seu público e parceiros.

Conclusão: O caminho a seguir

Parabéns por ter concluído esta jornada! Você aprendeu o processo passo a passo para se tornar um influenciador do LinkedIn, desde a criação de um perfil magnético até a elaboração de conteúdo envolvente, o crescimento de sua rede e até mesmo a monetização de sua influência. Mas lembre-se de que a influência não é construída da noite para o dia - ela exige consistência, autenticidade e um desejo genuíno de agregar valor aos outros.

Ao continuar a aumentar sua presença no LinkedIn, tenha em mente essas lições fundamentais:

- **Seja consistente**: Apareça regularmente, publique conteúdo valioso e interaja com seu público.
- **Seja autêntico**: As pessoas se conectam com vozes reais e genuínas. Não tente ser alguém que você não é.
- **Concentre-se nos relacionamentos**: A influência é mais do que números - trata-se de criar conexões significativas e agregar valor aos outros.

O caminho à frente está cheio de oportunidades. Se você deseja expandir sua marca, avançar em sua carreira ou criar um negócio lucrativo, o LinkedIn é a sua plataforma para fazer isso acontecer. Portanto, vá em frente, comece a postar, interaja com sua rede e veja sua influência crescer.

Lista de verificação de execução de 90 dias: Seu roteiro para a influência no LinkedIn

Aqui está um plano de 90 dias para ajudá-lo a executar tudo o que aprendeu neste livro e começar a aumentar sua influência no LinkedIn:

Semanas 1-2: Otimização do perfil

- Atualize sua foto de perfil e imagem de fundo.
- Escreva um título atraente que reflita seu nicho.
- Crie uma seção "Sobre" envolvente que conte a história da sua marca pessoal.
- Otimize suas seções de experiência e habilidades com palavras-chave relevantes.
- Adicione mídia, projetos e realizações para mostrar sua experiência.

Semanas 3 a 4: Identifique seu nicho e público-alvo

- Use exercícios para identificar seu nicho e público-alvo ideal.
- Defina seus pilares de conteúdo (3-4 tópicos principais) que se alinham com seu nicho.
- Pesquise as necessidades e os desafios de seu público para adaptar seu conteúdo.

Semanas 5 a 6: Comece a publicar conteúdo consistente

- Publique três vezes por semana usando uma variedade de formatos (texto, imagens, vídeos).
- Concentre-se em contar histórias envolventes e oferecer valor ao seu público.
- Use CTAs para convidar o envolvimento e estimular conversas nos comentários.

Semanas 7 a 9: Crie engajamento e expanda sua rede

- Comente com atenção de 10 a 15 postagens por dia em seu nicho.
- Envie de 5 a 10 solicitações de conexão personalizadas diariamente.
- Colabore com um influenciador ou colega em uma publicação conjunta ou no LinkedIn Live.**Semanas 10-12: Analise, refine e monetize**

- Analise suas análises do LinkedIn para acompanhar o desempenho e o engajamento.
- Faça um teste A/B das ideias de conteúdo para identificar o que ressoa melhor em seu público.
- Comece a promover seus serviços (consultoria, coaching, webinars) ou a colaborar com marcas.

www.ingramcontent.com/pod-product-compliance
Lightning Source LLC
Chambersburg PA
CBHW070939220526
45469CB00007B/2443